Guide avancé pour extraction de crypto-monnaie

Contenu

Pourquoi choisir le minage de crypto-monnaies ?...........5

Comment les crypto-monnaies sont-elles minées ?...........11

Ce qu'il faut savoir sur le minage de crypto-monnaies...........14

Les données pour mesurer la rentabilité du minage de crypto-monnaies...........17

Le rôle des calculateurs de rentabilité...........23

Les astuces de base pour le minage de crypto-monnaies...........28

Les conditions requises pour le minage de crypto-monnaies...........31

La détention de crypto-monnaies crée-t-elle un intérêt ?...........39

Comment choisir la crypto-monnaie à miner...........44

Tout sur le pool minier...........46

Est-il rentable d'exploiter la mine seul ou avec d'autres ?...........47

Ce que représentent les mineurs du web...........53

Tout ce que le cloud mining génère...........57

Les moyens les plus populaires de miner des crypto-monnaies...........61

Comment gagner un revenu en exploitant des crypto-monnaies...........64

Combien pouvez-vous générer en minant des crypto-monnaies ?...........66

Comment exploiter l'Ethereum...........67

Ce dont vous avez besoin pour miner du Zcash...........83

Les astuces pour miner du Monero via votre ordinateur...........89

Le minage du bitcoin est-il difficile ?...........99

L'audace d'essayer ou de réaliser plus de manières de générer des revenus à travers les crypto-monnaies est une attitude fréquente de nos jours, car c'est un produit financier plus efficace que les traditionnels, grâce aux rendements qu'ils fournissent à long et moyen terme, c'est pourquoi c'est un choix productif à tous points de vue.

Le minage est une étape importante dans le monde des crypto-monnaies, même si, au début, il s'agit d'une activité et d'un concept difficiles à comprendre ou à mesurer. Vous devez donc étudier ce sujet pour quantifier le potentiel de cette voie ainsi que tous les facteurs qui la sous-tendent au niveau financier.

Pourquoi choisir le minage de crypto-monnaies ?

Une base fondamentale pour comprendre le minage de crypto-monnaies est la rentabilité, car c'est un élément qui, une fois mesuré, vous montre quel type d'outil financier cela représente, de sorte que vous pouvez le visualiser comme une méthode réalisable ou non, et surtout, vous pouvez analyser vous-même la viabilité de cette option.

Cependant, dans le monde des crypto-monnaies, vous devez supposer qu'aucun moyen n'est efficace à 100%, ni ne représente un degré total de précision, bien que dans ce cas, vous pouvez utiliser des calculateurs de crypto-monnaies pour estimer ce que représente le minage, à condition d'ajouter des critères qui sont importants pour mesurer cet élément.

Pour poursuivre l'investigation de ce support, il faut s'approprier chacune des qualités des monnaies virtuelles, car leur nombre est une invitation à explorer tout ce qui se cache derrière chacune d'elles afin d'opter pour la voie la plus avantageuse, point essentiel pour savoir miner et reconnaître leur rentabilité.

Heureusement, vous pouvez trouver en ligne différentes calculatrices qui fonctionnent comme un compteur de rentabilité, bien qu'en fin de compte ce concept varie selon chaque cas ou selon chaque objectif, même lorsque vous commencez l'exploitation minière, chaque jour qui passe la rentabilité change, et ces points peuvent vous aider à mieux comprendre cette alternative :

1. **Ce que représentent les crypto-monnaies**

À l'heure actuelle, les crypto-monnaies sont surtout connues comme un moyen de paiement virtuel, grâce au fait qu'il s'agit d'un actif numérique qui ne peut être touché, ce qui le distingue clairement du système financier traditionnel, sans laisser de côté le fait que les transactions sont effectuées au moyen de transferts cryptés.

Lorsque vous allez dans un magasin ou un restaurant, il est possible de payer en toute tranquillité avec n'importe quelle crypto-monnaie que vous possédez, ce qui signifie qu'il s'agit d'une unité de paiement régulée de manière autonome, c'est pourquoi elle est différente et ne suit aucune directive d'une banque centrale ou d'une entité gouvernementale sur son contrôle.

Ce type de produit financier décentralisé signifie que le prix ou la valeur n'est modifié par aucune banque, mais les mouvements sont susceptibles d'être échangés de pair à pair, il s'agit donc d'une valeur qui n'est pas imposée par les banques, car elle suit l'effet provoqué par la loi de l'offre et de la demande.

Il s'agit d'un écosystème financier où il n'y a pas d'inflations énormes, donc la valeur qui abonde sur le marché n'est pas susceptible d'être manipulée, grâce au fait que ce sont les utilisateurs qui génèrent ces actifs, et c'est dans ce point conceptuel qu'agit la figure du minage.

Il faut comprendre que non seulement les utilisateurs sont en mesure d'avoir un contrôle total sur le P2P, mais que leur rôle réside dans la génération d'argent, car ils sont responsables de la création des crypto-monnaies en effectuant le processus de minage, qui génère une récompense en retour.

En d'autres termes, les mineurs peuvent compter sur la réception de quelques unités de ce type de monnaie, tant qu'ils gèrent activement le minage afin que la crypto-monnaie reste à flot, comme une sorte de prix.

2. La fiabilité de l'exploitation minière

Le minage est une pratique légale avec un haut degré de sécurité, mais il nécessite quelques considérations, comme la formation d'un mot de passe fort afin que les actifs ou les crypto-monnaies puissent être sauvegardés, sans oublier que la légalité se matérialise lorsque les deux parties génèrent une transaction.

Cela signifie que l'utilisation des crypto-monnaies est à la discrétion de chaque utilisateur, et qu'elle dépend également du type de crypto-monnaie et de la volonté des deux parties d'échanger, de sorte que l'actif commence à circuler grâce à la gestion générée par les parties elles-mêmes.

3. Les crypto-monnaies existantes

Il y a beaucoup de crypto-monnaies aujourd'hui, donc calculer et comparer la rentabilité de chacune d'elles est un travail complexe, de plus chacune a sa propre distinction pour produire des revenus, donc elles n'ont pas la même rentabilité comme c'est un point logique, et fait qu'il faut apprendre à fond laquelle acheter et laquelle garder.

La consultation sur les crypto-monnaies n'est générée que lorsque vous effectuez une recherche préalable, que ce soit avec les plus populaires comme Deeponion, Lifecoin, Dash, Dogecoin, Monero et autres, l'important est que vous puissiez faire des recherches sur chacune d'entre elles avec l'aide de certains portails spécialisés.

Trouver un actif qui soit rentable est un travail ou un effort spécifique, mais il peut être filtré ou déterminé par le matériel que vous possédez, car les équipements ou outils miniers ne sont pas faciles à trouver et vous devez opter pour un actif qui soit fiable, tout en saisissant le moment idéal pour acheter.

Lorsque l'on veut reconnaître quelle crypto-monnaie acheter, il faut s'y connaître et se renseigner au maximum sur cet actif, mais ne pas se focaliser sur sa rentabilité à un moment donné, mais plutôt sur le projet qui se cache derrière et ce qu'il implique.

4. L'action de miner des crypto-monnaies

Le minage de crypto-monnaies est une manière ou une participation à la création de pièces, en cherchant une récompense ou un paiement tel que le gain d'une proportion des pièces, et peut donc être décrit comme un type de récompense, car les mineurs peuvent les recevoir sans avoir besoin d'acheter la classe d'actifs.

Sans avoir besoin d'effectuer une quelconque opération avec les crypto-monnaies, vous pouvez en être le détenteur. C'est pourquoi le minage est similaire quel que soit le type de crypto-monnaie que vous choisissez, bien qu'en fonction de votre projet, le processus varie complètement.

Comment les crypto-monnaies sont-elles minées ?

Pour effectuer le minage de crypto-monnaies, il est nécessaire d'effectuer certains calculs mathématiques, grâce à l'utilisation de la puissance de calcul, car vous mettez votre ordinateur à la disposition des réseaux P2P qui sont chargés d'effectuer les calculs, traitant ainsi les transactions jusqu'à ce que les blocs soient scellés.

Une fois que toute transaction de n'importe quelle crypto-monnaie est faite, il y a une formation d'un bloc, qui doit être scellé, pour que cela se produise de cette façon il est important d'effectuer des calculs mathématiques par certains ordinateurs qui fonctionnent 24 heures par jour, tous les jours avec une connexion constante et couvrant le temps.

Le processus susmentionné ne peut être couvert par un simple ordinateur portable, et encore moins par un vieil ordinateur de base. L'une des exigences fondamentales est de réaliser le processus d'exploitation minière avec un équipement haut de gamme puissant, car les performances exigées par le processus d'exploitation minière sont élevées.

Un équipement minier puissant coûte en moyenne 1 000 euros, car des dispositifs spécialisés tels que les ASIC (circuits spécifiques d'application) sont créés ou conçus pour l'exploitation minière en raison de leur puissance élevée ou de leur réactivité à la tâche.

Dans ce monde, vous pouvez trouver des personnes qui sont d'accord pour créer une certaine crypto-monnaie, car il est possible de le faire par le biais de l'exploitation minière, soit par pool ou coopérative, indépendamment de la modalité, les participants travaillent de la même manière pour obtenir des récompenses.

La plus grande garantie dans le minage est que si vous avez la force de travailler, vous serez en mesure de trouver et de recevoir les récompenses que vous recherchez, car c'est la formule grâce à laquelle vous pouvez résoudre un bloc et obtenir ce que vous voulez, il n'est pas nécessaire de faire partie d'un pool ou de créer une coopérative pour miner.

La création de crypto-monnaies est également possible sans faire partie d'une coopérative, bien qu'opter pour une voie indépendante signifie couvrir un coût supplémentaire ou additionnel, pour tout ce que signifie le loyer et le paiement précis pour atteindre les marges bénéficiaires.

Ce qu'il faut savoir sur le minage de crypto-monnaies

Pour faire partie du minage de crypto-monnaies, il ne faut pas négliger la conviction nécessaire, car commencer peut être un pas hésitant pour n'importe qui, mais sans ignorer les exigences qui sont fixées dans ce milieu, car vous pouvez investir pour le meilleur équipement et être décisif, mais la rentabilité est toujours très variable.

Chaque crypto-monnaie varie le niveau de rentabilité, ainsi que l'effet d'autres facteurs qui finissent par être déterminants pour que cette activité produise des résultats, dans ce sens les points suivants se détachent :

- Estimation et coût des équipements en combinaison.
- La concurrence qui existe autour du minage de ce type de crypto-monnaie.
- Le prix de l'électricité et le type de consommation d'énergie lors du maintien d'une connexion 24 heures sur 24.

- Le processus d'exploitation minière doit présenter l'avantage du refroidissement requis par l'équipement, ainsi que du type d'énergie demandé.
- Le rendement offert par la crypto-monnaie à ce moment précis.
- Le type de crypto-monnaie que vous souhaitez exploiter varie d'une crypto-monnaie à l'autre.

De tels facteurs soulèvent des questions sur la rentabilité des crypto-monnaies, mais cette mesure n'est pas facile à définir. Elle nécessite une étude approfondie du moment présent, des événements qui peuvent survenir dans le présent, et c'est ainsi que se manifeste le revenu que vous gagnez avec les crypto-monnaies.

La dépense énergétique représente également une autre mesure pour se concentrer sur ce que vous pouvez gagner, sans oublier le niveau d'investissement que vous faites sur le matériel pour accomplir les processus d'exploitation minière, sur tous ces points une variable de rentabilité apparaît, mais cela dépend toujours de ce que vous êtes capable d'investir ou de ce qui est rentable pour vous.

Pour ne négliger aucun aspect, il est essentiel d'utiliser des calculatrices spécifiques, car elles fonctionnent comme un outil qui traite chaque donnée, et ce sont ces types de critères qui déterminent si cela vaut la peine ou non, et avec le temps, les coûts de la lumière ou de l'électricité marquent également une voie claire sur la rentabilité.

En outre, vous devez inclure la question du refroidissement, et la nécessité d'un équipement supplémentaire, pour vous démarquer de la concurrence, mais pour atteindre un niveau de profit optimal, l'essentiel est de choisir le type de cryptocurrency que vous voulez miner, car cela ne signifie pas la même rentabilité pour toutes.

De même, le rendement d'une crypto-monnaie n'est pas le même d'un jour à l'autre, et il en va de même pour une semaine, c'est pourquoi les calculatrices sont un moyen de savoir si cela en vaut la peine ou non, mais il faut disposer des données nécessaires pour faire ces calculs correctement.

Si vous voulez suivre de près les données mesurant la productivité, vous devriez opter pour un calcul manuel, afin de tirer le meilleur parti de ces outils, comme une bonne utilisation des informations dont vous disposez sur les performances de cette activité minière, mais dans le cadre de mesures fiables qui génèrent un résultat précis.

Les données pour mesurer la rentabilité du minage de crypto-monnaies

Lorsque vous voulez mesurer la rentabilité précise du minage de crypto-monnaies, vous devez travailler avec des données qui sont fiables, car les calculateurs doivent obtenir et travailler avec le remplissage des blancs ou des critères, et comprendre que chaque crypto-monnaie a sa propre rentabilité, mais l'essentiel est que c'est pour vous.

Dans le milieu du minage de crypto-monnaies, il peut y avoir des utilisateurs qui utilisent un ordinateur entièrement dépendant du paiement de l'électricité, parce qu'ils utilisent l'approvisionnement de quelqu'un d'autre qu'ils ne doivent pas payer, et dans ce type de situation, il y a un plus grand avantage économique à tirer, est un exemple beaucoup plus clair qui montre comment chaque détail a un impact.

Les éléments déterminants pour mesurer la rentabilité du minage de crypto-monnaies sont les suivants :

1. **Taux de hachage**

C'est l'un des éléments les plus importants et déterminants du minage de crypto-monnaies, c'est un type de taux de hachage qui est utilisé pour représenter l'unité de mesure de la puissance avec laquelle les crypto-monnaies sont traitées, c'est l'une des définitions les plus simples et vous devriez la maîtriser complètement.

Cette valeur fonctionne comme une indication de la quantité d'opérations de calcul qu'un équipement minier peut effectuer, si vous ne connaissez pas ce type de projection vous pouvez faire des recherches sur ce sujet en ligne, pour le comparer ou prendre en compte le modèle de votre équipement avec le terme "taux de hachage" ou "minage", ainsi vous pourrez obtenir de l'aide.

2. **Quantité ou demande d'électricité**

Le type de quantité électrique fait référence à la consommation d'énergie de l'équipement que vous utilisez pour l'exploitation minière, étant donné qu'il s'agit d'une activité qui ne peut pas être réalisée au moyen d'un ordinateur portable bas de gamme ou d'une tablette de jeu, mais plutôt au moyen d'un équipement vraiment puissant et produisant une consommation d'énergie élevée.

En plus de cela, le type de surchauffe qui se produit sur l'équipement signifie que vous devez calculer les coûts d'électricité, et la considération d'inclure un climatiseur dans l'espace afin qu'il n'y ait pas de restrictions dues à ce problème.

3. **Coût de l'électricité**

Cette mesure dépend entièrement du type de frais que vous devez couvrir sur la propriété où vous allez miner des cryptocurrencies, le chiffre dépend de ce que vous consommez car c'est ce qui produit des changements sur le prix et en même temps sur la productivité de cette activité, car c'est une action continue et qui varie au fil des mois.

Ce que vous payez pour l'électricité devrait être inclus dans la mesure de la rentabilité, où la hausse ou la baisse de la consommation finit par se refléter dans le commerce des crypto-monnaies.

4. **Coût du matériel**

Peu importe que vous investissiez une fois dans du matériel, ce que vous dépensez ou investissez compte toujours. Ce que vous dépensez actuellement doit donc également être mesuré sur le long terme afin de déterminer l'utilité de chaque appareil, qu'il s'agisse d'un paiement unique ou constant, il s'agit d'une variante similaire à celle des jeux où la mise à niveau est indispensable.

5. Tarif de la piscine

Le minage des crypto-monnaies doit se faire de différentes manières, cela signifie que le mode pool n'est pas le seul, mais si vous optez pour cette manière, il est nécessaire d'inclure les frais de pool, où un pourcentage à couvrir se pose, et cela est demandé sur les données du calculateur.

6. Commission des logiciels

Les frais de logiciel sont un autre facteur à inclure dans la calculatrice, bien qu'ils soient utilisés comme point de comparaison, ce n'est pas un aspect obligatoire pour avoir un résultat ou une mesure de la rentabilité.

Une fois que ces éléments peuvent être ajoutés, n'importe quel calculateur produira automatiquement un résultat, surtout en considérant le type de crypto-monnaie que vous avez choisi et la valeur qu'il a, mais dans ces éléments, vous ne devez pas oublier la difficulté de ce type de minage, jusqu'à ce qu'il soit assorti à la récompense.

C'est la façon de voir la rentabilité d'une monnaie numérique, et surtout la clarté de préférer d'autres alternatives qui sont plus pratiques pour augmenter vos récompenses, de cette façon vous suivez de près les étapes qui sont plus productives lors de l'investissement, donc c'est un avantage d'utiliser la calculatrice pour éviter de faire des faux pas.

Une autre raison d'estimer le calculateur est qu'il vous permet d'établir un point critique sur le type de cryptocurrency que vous cherchez à miner, c'est-à-dire qu'il rend cette décision plus facile à prendre, car vous obtenez un regard proche et en temps réel sur ce que signifie miner, et les fluctuations qui l'accompagnent.

L'utilisation de la calculatrice sur certains sites web vous aide à choisir exactement la meilleure voie à suivre, car vous découvrez celle qui est la plus rentable, à condition de remplir les critères utilisés pour mesurer chaque alternative.

Le rôle des calculateurs de rentabilité

Chaque site Web varie sur la conception du calculateur de rentabilité, mais ils fournissent généralement les mêmes fonctions, tant que vous faites attention à ne pas négliger certains facteurs, car le résultat dépendra toujours de votre compréhension de ce qu'implique le minage de cryptocurrences.

Certains calculs ne recommandent pas ou n'incluent pas la valeur du logiciel, bien qu'il s'agisse d'un aspect général qui est constamment répété, et les options de calcul sont personnalisées afin que vous obteniez la manière la plus pratique, l'essentiel est que vous puissiez calculer la rentabilité en temps réel.

Cette façon de comparer est utile surtout pour faire les premiers pas dans ce domaine, en cherchant l'exploitation qui produit le plus de bonus, qui en même temps peut être la plus difficile à exploiter, il y a donc beaucoup d'aspects auxquels il faut penser au préalable, sous l'analyse de ces options :

- **CoinWarz**

Il est connu comme l'un des sites Web qui génère un accès facile, car il suffit de sélectionner l'algorithme, de sorte que vous avez la possibilité de remplir les sections que le calculateur a, en plus il a des suggestions mises à jour sur les meilleures devises, de sorte que vous pouvez avoir une idée sur les devises rentables de ce moment.

Un autre point qui est classé dans ce site Web, est l'ampleur des revenus ou des profits qui découlent de l'exploitation minière de cette cryptocurrency, il suffit de cliquer sur l'une des cryptocurrences pour afficher le graphique des prix, ou vous pouvez simplement entrer directement dans le calcul personnalisé de vos données.

Le plus précieux est que ces résultats génèrent ou exposent des résultats bénéfiques, pour profiter de toute opportunité, ou décider en fonction des récompenses estimées, l'utilisation de ce type d'outil est très simple, notamment parce qu'il ne se limite pas à être une simple calculatrice, mais propose des requêtes sur n'importe quelle crypto-monnaie.

Normalement les crypto-monnaies populaires comme le calculateur minier Litecoin, Ethereum, Dash, Zcash, Monero et autres, sont répertoriées sur le site, il suffit de remplir les critères et en fonction de la crypto-monnaie, le calcul du type de gains auxquels vous pouvez accéder est généré.

- **CryptoCompare**

Il est reconnu comme l'un des meilleurs calculateurs de rentabilité des crypto-monnaies, en raison de la grande disponibilité des pièces, à travers le site principal, vous pouvez visualiser différentes pièces avec le prix, sans laisser de côté qu'il est un portail informatif pour la publication de nouvelles et de conseils.

Cet outil est intéressant, car les données sont présentées de manière confortable et informative, de sorte que n'importe quel utilisateur peut les reconnaître. Pour ce faire, il suffit de se rendre dans la section "marchés", qui se trouve en haut du menu, où l'on peut entrer "Calculateur minier".

Une fois que vous aurez accès à la calculatrice, vous pourrez entrer des données telles que la puissance de hachage, l'énergie consommée, le coût et aussi le pourcentage du pool, le tout étant automatiquement compilé pour présenter le résultat jusqu'au changement de crypto-monnaies en un seul clic en haut.

- **Whattomine**

Reconnu comme l'un des sites web les plus intéressants pour effectuer un calcul de rentabilité, il est développé par WhatToMine pour fournir des options complètes, car un coup d'œil sur ce site web fournit de nombreuses informations sur les cryptocurrences les plus demandées.

Avant tout point de comparaison, vous pouvez trier ou filtrer les crypto-monnaies, jusqu'à ce que vous vous décidiez et utilisiez la calculatrice, pour cela vous pouvez entrer dans le web et toucher la monnaie sur laquelle l'estimation va être faite, cela permet une section pour vous de prendre en compte des informations utiles telles que les valeurs, les données et autres variables.

De la même manière que la calculatrice va avoir des mesures telles que le taux de hachage, l'énergie, le coût, et bien d'autres encore, ces mesures sont celles qui montrent automatiquement le degré de difficulté à réaliser le minage, car la valeur et chaque détail de cette activité comptent pour vérifier qu'il s'agit d'une option prometteuse au niveau financier.

La consultation sur les crypto-monnaies les plus recommandées est une aide pour vous, car vous pouvez investir en suivant ces résultats ou en essayer une autre qui est plus productive, l'intention est que l'effort produise des bénéfices.

- **Calculateurs de pièces de monnaie**

C'est une plateforme qui suit le même fonctionnement des précédentes, de la même manière elle incorpore les mêmes fonctions, où son interface se distingue car elle est propre et efficace pour que n'importe quel utilisateur puisse l'utiliser, il n'est pas nécessaire d'être un expert, pour cette alternative vous pourrez visualiser l'information de n'importe quelle crypto-monnaie.

Les astuces de base pour le minage de crypto-monnaies

Le minage de crypto-monnaies est une participation conjointe, qui facilite la vérification des transactions qui ont lieu sur le réseau, cela fonctionne comme un stimulus sur l'émission de crypto-monnaies, tout cela est familier avec le développement d'algorithmes, où deux algorithmes se distinguent pour le minage à se produire :

1. **Algorithme d'extraction**

Il est connu sous le nom d'algorithme de hachage, et il est dédié expressément au traitement des données, ce qui nécessite un matériel minier basé sur le minage qui emploie la cryptocurrency de votre choix, en particulier lorsqu'on utilise des dispositifs ASIC qui sont développés pour fonctionner avec un seul type d'algorithme en particulier.

2. **Algorithme de consensus**

Il est lié à l'accord qui existe sur tous les membres, c'est-à-dire les nœuds qui surgissent dans un réseau de crypto-monnaies pour contribuer à son fonctionnement, car il se pose la question des transactions qui répondent à certains critères de validité, en plus de l'ordre des blocs dans la chaîne et d'autres.

Au milieu de ces algorithmes, certaines caractéristiques émergent, où la question du consensus se démarque, car il devrait être une mesure populaire sur les réseaux de crypto-monnaies, comme la preuve de travail (PoW) et la preuve d'enjeu (PoS).

- **Ce qui est requis avec la preuve de travail**

C'est une option dans laquelle il faut faire très peu de travail, car ce n'est pas vous mais le type de matériel que vous décidez d'utiliser pour miner la crypto-monnaie que vous avez choisie, car Pow est connu sous le nom de preuve de travail, ce qui signifie qu'il s'agit d'un consensus qui cherche des solutions à imposer sur une énigme par le biais de calculs mathématiques.

Un mineur cherche à obtenir de façon rapide la réponse à l'énigme qui lui est présentée, de cette façon il est possible d'ajouter un nouveau bloc de transactions sur la chaîne, c'est intéressant car ces réponses ne sont pas fournies par deux mineurs, c'est une situation qui ne se produit pas régulièrement.

L'énigme qui est dédiée à chaque bloc nécessite une solution spécifique pour la résoudre, celle-ci est produite de manière aléatoire, pour cette raison ce n'est pas quelque chose qui peut être facilement prédit, c'est un mécanisme qui empêche la double dépense de toute monnaie.

En d'autres termes, la double dépense fait référence au fait qu'une fois que la crypto-monnaie a été transférée, elle ne peut pas être retransférée à une autre personne comme si elle n'avait pas été dépensée. Résoudre le puzzle d'un bloc implique d'obtenir la récompense qu'il procure, mais le défi consiste à trouver la réponse avant qu'un autre mineur ne le fasse.

Le matériel doit traiter de grandes quantités de données, surtout à grande vitesse, il est donc essentiel pour les mineurs d'avoir un équipement puissant et adapté au minage de la cryptocurrency de votre choix, c'est pourquoi la preuve de travail est connue comme un algorithme de consensus largement utilisé dans le minage.

Parmi les crypto-monnaies qui utilisent cette méthode, le Bitcoin se distingue, il faut donc maîtriser cet algorithme pour pouvoir le miner, en plus d'incorporer certains logiciels spéciaux, de même il existe d'autres monnaies numériques comme le monero, le zcash, l'ethereum et d'autres, dans le cas du réseau Ethereum ce consensus est entièrement développé, mais il est fusionné avec la preuve de participation, c'est pourquoi il s'agit d'une offre hybride.

Les conditions requises pour le minage de crypto-monnaies

Le minage de crypto-monnaies exige d'abord une volonté d'apprendre, car c'est un long chemin, ainsi que l'intégration de la patience comme ressource fondamentale, puis de se concentrer sur le type de matériel et de logiciel requis, ainsi que sur l'électricité et l'internet.

De même, chacun de ces appareils nécessite un système de refroidissement, afin que chaque matériel dispose d'une protection pour son fonctionnement régulier, en plus du type d'espace où cette activité va être réalisée, le plus important est de considérer les services d'électricité et d'internet car ils doivent être stables.

L'exploitation minière doit être cohérente. En cas de défaillance d'une exigence et d'interruption de l'activité, vous ne serez pas en mesure de réaliser les bénéfices escomptés, c'est pourquoi vous devez penser à couvrir les points suivants :

- **Le matériel**

La considération du matériel est basée directement sur l'équipement dont vous avez besoin pour miner la cryptocurrency que vous voulez, peu importe s'il s'agit de matériel générique, vous pouvez incorporer des processeurs et des cartes graphiques qui vous permettent de vous consacrer au minage d'une manière spéciale.

La décision sur le type de matériel dépend de l'algorithme de minage utilisé par la crypto-monnaie que vous choisissez, car l'algorithme de minage est destiné à définir les règles selon lesquelles le cryptage se produit et annule également le cryptage, afin d'accéder ou de sauvegarder les informations.

Cela signifie que l'algorithme fait en sorte que le message soit facilement déchiffrable au point d'être une donnée indéchiffrable, cela se produit ou est développé pour garantir qu'il est impossible de répéter le même résultat avec un autre type de message, il s'agit donc d'un réseau qui assure la sécurité afin qu'aucune monnaie numérique ne puisse être contrefaite.

Au milieu du type de matériel qu'un mineur peut utiliser, et de la quantité d'algorithmes qui peuvent être utilisés pour miner, vous pouvez suivre quelques exemples comme référence pour prendre la bonne décision concernant votre équipement, dans le cas de Bitcoin, vous devriez acheter des dispositifs ASIC qui est spécialisé pour le minage de l'algorithme SHA-256.

De même, lorsque vous cherchez à miner de l'Ether, ce dont vous avez besoin, c'est d'une carte graphique GPU dédiée, sans négliger l'utilisation d'un ordinateur disposant d'une alimentation électrique certifiée, et dans le cas de Monero, un bon processeur CPU est suffisant pour effectuer le minage.

- **Le logiciel**

Il existe différents types de logiciels ou mieux connus sous le nom de programmes informatiques qui aident à miner les crypto-monnaies, tout en étant une partie essentielle, car par exemple dans le cas du choix de Monero, c'est un programme qui facilite le matériel à avoir un contact avec le réseau auquel la crypto-monnaie appartient afin de la miner.

Actuellement, il existe différents types de logiciels qui changent en fonction du type de matériel utilisé, et aussi du type de cryptocurrency minée, l'un des plus distingués sont CGMiner et Claymore, la première option est la plus populaire car elle est utilisée par les mineurs de Bitcoin.

En revanche, la deuxième option, comme Claymore, est utilisée pour l'éther, le zcash et d'autres minages populaires. En outre, vous devez disposer d'un programme pour surveiller le comportement et les actions du matériel afin de pouvoir intégrer les réglages ou les configurations qui vont de pair avec vos préférences.

Les dispositifs ASIC, tels que l'AntMiner de Bitmain, disposent généralement de leur propre logiciel pour configurer et contrôler les performances du dispositif, tandis que certains dispositifs exploitent les GPU en téléchargeant un logiciel supplémentaire tel que MSI Afterburner ou GPU-Z.

Le contrôle des performances de la plate-forme minière s'effectue via le site web du pool minier où vous travaillez, ou vous pouvez mettre en œuvre le programme TeamViewer, afin d'accéder à la plate-forme à distance depuis un appareil externe.

- **Portefeuille ou sac à main**

Il s'agit d'un complément de clé car il est utilisé pour recevoir des paiements lors de l'exploitation minière, généralement vous choisissez un certain matériel ou froid comme c'est le cas de Trezor, KeepKey et d'autres, ainsi que certaines applications telles que Coinomi, Jaxx, Wasabi et d'autres, mais en ligne, il est également possible grâce à MyCrypto, Blockchain, entre autres.

La fonction des cold wallets est disponible auprès d'un magasin qui vend cet instrument financier, il s'agit d'équipements électroniques de confiance, tandis que les software wallets sont téléchargés par le biais des boutiques d'applications que vous avez sur votre appareil mobile, soit par l'App Store, soit par le Google Play Store.

Une autre option est de préférer le site officiel du portefeuille, de cette façon vous obtenez des versions pour tous les types d'appareils. Dans le cas des portefeuilles en ligne, ils ne sont pas aussi productifs selon l'avis des experts, car ils sont vulnérables aux attaques de pirates, et c'est aussi le cas quand il s'agit de bureaux de change.

Certains services supplémentaires peuvent être utilisés comme dépositaire de fonds en crypto-monnaies, cela permet de vivre avec les risques d'une attaque sur les plateformes, l'intention étant que l'accès aux crypto-monnaies ne soit pas compromis.

Si vous ne disposez pas des clés privées du portefeuille, vous n'avez aucune protection sur ces fonds, ce qui en fait des actifs exposés à tout incident, d'où le danger à ne pas courir.

- **Réfrigération et climatisation**

Le conditionnement du site ne peut être négligé, car le matériel minier exige une attention particulière en matière de température, en raison du haut niveau de traitement impliqué, ce qui entraîne une augmentation de la température du matériel minier.

Le risque de surchauffe de ces appareils est élevé, car le niveau de température peut être si élevé qu'il contribue à la détérioration de l'appareil, voire à son non-fonctionnement. Pour éviter d'en arriver là, la première chose à faire est d'étudier le type de température limite que le matériel peut supporter.

En outre, vous devriez évaluer la température à laquelle l'équipement atteint pendant le processus d'exploitation minière, de cette façon, il sera plus facile de trouver un point d'équilibre pour l'exploitation minière, c'est ce qu'on appelle un sweet spot, c'est une opportunité d'exploitation minière car vous gardez votre équipement à l'abri de toute surchauffe.

Empêcher le matériel de surchauffer demande un peu de réflexion. Tout d'abord, il faut penser au refroidissement de la zone où se trouvera le matériel, intégrer des climatiseurs comme des ventilateurs ou des extracteurs de chaleur, l'important est qu'ils soient compatibles avec les installations que vous allez utiliser.

D'autre part, la meilleure façon de refroidir vos équipements est d'utiliser des systèmes de refroidissement liquide, car il s'agit d'une méthode efficace pour assurer une maintenance adéquate, qui, combinée à la réfrigération, constitue une réponse opportune au travail minier, mais cela dépend aussi de la configuration que vous mettez en œuvre.

C'est-à-dire que la configuration utilisée pour le minage a beaucoup à voir avec la puissance qui est attribuée aux extracteurs de chaleur qui font partie du matériel, en plus de la puissance de traitement est un autre facteur à estimer, parfois pour le bien-être du dispositif de minage, il peut être conseillé de réduire la puissance de minage.

Pendant l'exploitation, l'objectif est de faire fonctionner les équipements le plus longtemps possible sans interruption. Ils doivent donc être à leur capacité maximale, sans pannes prématurées qui pourraient menacer vos revenus.

La détention de crypto-monnaies crée-t-elle un intérêt ?

Il est possible de gagner des intérêts sur un fonds de crypto-monnaies lorsqu'il fonctionne comme un protocole, car le système de récompense du minage de crypto-monnaies attribue des récompenses aux participants pour avoir accumulé et détenu des actifs d'un réseau choisi.

Le but de ce processus est d'aider à valider les transactions, et est appelé Proof of Stake (PoS), ce protocole ne demande pas une forte consommation d'énergie en termes de validation des transactions, et la génération de nouvelles crypto-monnaies.

L'importance de l'exécution de la preuve de participation est que vous obtenez un certain nombre de cryptocurrences à accumuler, et pour cette raison, c'est une activité classée comme le minage, si vous voulez être un valideur dans ce type de réseau avec PoS, vous devez avoir des cryptocurrences que vous pouvez disposer pour cette activité.

Une fois que vous avez les crypto-monnaies, vous devez les bloquer dans la blockchain, de cette façon vous pouvez certifier que vous n'utiliserez pas ces fonds à d'autres fins que la validation des transactions, c'est aussi comme une politique pour que vous ayez un engagement et une sécurité pour maintenir une bonne performance dans le réseau.

Si vous entreprenez une action irresponsable ou préjudiciable, vous pouvez perdre toutes les pièces numériques, de sorte que la pression vous aide à bien agir, dans le cas de la sélection du nœud validateur sera ajouté à la prochaine blockchain qui fonctionne de manière semi-aléatoire.

Plus vous désignez de cryptocurrencies à cette fin, plus vous avez de chances d'être choisi, c'est-à-dire que vous générerez plus d'argent. La popularité de ce mode de minage est à l'origine de l'utilisation de PoS sur des cryptocurrencies telles que Peercoin, PIVX, Lisk et d'autres, tout en étant une pratique plus respectueuse de l'environnement.

De même, sur certains réseaux qui emploient le PoS, le PoW est également mis en œuvre sous forme de combinaison hybride, comme c'est le cas avec Decred ou

Dash par exemple, c'est une référence à prendre en compte.

- **Les conditions requises pour le minage de crypto-monnaies à l'aide de PoS**

La validation des transactions par PoS ne nécessite pas une consommation d'énergie élevée, en particulier lorsque vous cherchez à miner des BTC, ETH et ZEC, dans le cas de l'acquisition de matériel spécialisé, vous n'aurez pas à vous inquiéter car il ne nécessite pas cela, au moyen d'un ordinateur de gamme normale et un disque dur qui supporte la copie de la blockchain, plus un internet stable vous serez en mesure de miner.

Il n'est pas nécessaire de gérer un nœud entier pour générer de l'argent avec des crypto-monnaies utilisant PoS, et il existe des pools pour travailler avec ces types de crypto-monnaies, qui fonctionnent de manière similaire aux pools miniers proof-of-work, car ils distribuent les bénéfices en fonction du niveau de participation de chaque participant.

Cependant, il peut y avoir des exigences particulières qui sont spécifiques à chaque réseau, et lorsque vous choisissez un réseau particulier, il peut être nécessaire de prendre en charge la maintenance des nœuds de validation, bien qu'il s'agisse généralement de règles créées pour assurer la sécurité et l'évolutivité des titres, ainsi que les attentes derrière chaque cryptocurrency.

Grâce au calculateur de gains de StakingRewards.com, vous pouvez trouver quelques approximations sur les prix du marché des crypto-monnaies, c'est-à-dire qu'il vous permet de savoir combien vaut un nœud de validation en fonction des unités bloquées, ce qui vous permet de connaître le type de gains à obtenir sur une base annuelle.

Lorsque vous participez à un rôle de nœud validateur sur le réseau Qtum, vous pouvez trouver des gains annuels importants, mais ces chiffres changent en fonction de la valeur des cryptocurrences avec lesquelles vous travaillez, surtout au milieu d'un marché volatil.

Comment choisir la crypto-monnaie à miner

Un point clé qui fait douter de la rentabilité du minage de crypto-monnaies est l'offre de chacune d'entre elles, c'est-à-dire comment mesurer l'intérêt et la productivité derrière elle, et cela peut être mesuré grâce à quelques variables clés comme le prix actuel de la crypto-monnaie sur le marché.

Ajoutez à cela le coût de l'électricité sur la zone où vous allez miner des crypto-monnaies, sans oublier la puissance de minage fournie par le matériel que vous utilisez, chacune de ces données est importante pour avoir un dossier sur la rentabilité du minage de ces crypto-monnaies.

Ce type de vision ou d'étude peut être suivi à travers WhatToMine et CoinWarz, comme un soutien sur ce processus de sélection, de sorte que vous vous sentez à l'aise et confiant avec le retour que l'exploitation minière produit à long terme, vous pouvez consacrer du temps et de l'étude à l'évaluation, de sorte que c'est un projet que vous êtes engagé à.

Lorsqu'il s'agit de nouvelles crypto-monnaies, l'implication des traders est cruciale, en plus de l'évaluation de la sécurité et de la fonction pour échanger ces crypto-monnaies de manière efficace, vous devez également mettre en œuvre les perspectives de croissance du projet, ainsi que les cas d'utilisation possibles et le fonctionnement de la blockchain.

L'accès au matériel et aux logiciels est également un moyen vital pour le minage, ils sont essentiels et vous ne pouvez donc pas manquer de les étudier, chacune de ces caractéristiques ainsi que celles des crypto-monnaies, vous aident à prendre une décision claire, il suffit de partir du générique vers le plus spécifique.

Commencez par un livre vierge ou un document pour noter tout ce que vous devez savoir sur chaque crypto-monnaie, réfléchissez ou étudiez d'un point de vue technique et éthique, il est conseillé d'utiliser une feuille de route pour marquer les objectifs que vous voulez atteindre, ainsi que le délai prévu pour y parvenir.

Dans le cas du dépôt de code pour ce projet, GitHub ou GitLab, ainsi qu'un site web et un ensemble de réseaux sociaux qui sont dédiés à l'exposition des détails sur l'exploitation minière, avec tous les détails minutieux qui vont avec, de cette façon vous allez être au courant de toutes les innovations sur lesquelles les développeurs travaillent.

Mais les revers s'additionnent aussi, car cela affecte directement la valeur et les avoirs des crypto-monnaies, donc plus vous pouvez trouver de détails sur le projet de crypto-monnaie, plus vous pouvez visualiser sa valeur.

Tout sur le pool minier

Un pool minier est connu comme un nœud qui connecte un groupe de mineurs de crypto-monnaies, pour organiser cette activité comme un effort d'équipe pour produire plus d'argent, car il fusionne une puissance minière importante, augmentée à la mesure du hashrate possédé par les participants habitant le réseau, comme une seule projection.

Au lieu d'effectuer le minage séparément, tout est concentré sur les réseaux de crypto-monnaies qui fonctionnent au moyen de la preuve de travail, en employant cet algorithme, le consensus qu'il exerce différemment, parce que les participants de ce type de groupes miniers distribuent le pouvoir de décision à un autre qui gère l'ensemble du nœud.

C'est la façon d'avoir accès à ces possibilités d'intégrer plus de blocs à la chaîne jusqu'à ce que les récompenses attendues soient atteintes, dans les deux situations comme PoW ou PoS, le pool reçoit les récompenses ou les pourcentages qui appartiennent au mineur, c'est-à-dire qu'une partie est encadrée comme un butin à distribuer de façon équilibrée et équitable.

Est-il rentable d'exploiter la mine seul ou avec d'autres ?

Normalement avant de miner des crypto-monnaies, vous pouvez vous demander s'il vaut mieux miner en groupe ou seul, notamment pour déterminer ce qui est le mieux pour vous afin d'avoir des récompenses qui vous sont utiles, et vous devez prendre ce type de décision au sérieux car il s'agit d'une variation sur le type de profit que produit le minage.

Ce que vous devez prendre en compte, c'est que, si vous voulez miner des crypto-monnaies comme le bitcoin par vous-même, vous devez disposer du matériel nécessaire avec la puissance adéquate, ainsi qu'attendre la génération des récompenses d'un côté de la blockchain, ce qui prend plus de temps lorsque vous le faites seul.

La productivité du travail en commun provient du fait que la puissance d'un seul dispositif de minage est insuffisante par rapport au hashrate d'un réseau entier. C'est pourquoi vous ne pouvez pas miner un satoshi entier tout seul, et plusieurs fermes de minage de crypto-monnaies se forment chaque jour où ils travaillent en équipe de milliers de personnes.

Compte tenu de cette comparaison ou visualisation augmente l'importance de la possibilité de former un groupe minier, pour rivaliser avec les variantes de ce type d'environnements, pour mesurer cette prémisse, vous pouvez suivre un exemple clair avec ce que sont les réseaux de cryptocurrencies tels que Bitcoin et Ethereum, comme ils appliquent la preuve de travail (PoW).

Cet algorithme de consensus utilisé, est le premier nœud minier pour résoudre une énigme mathématique, cela est imposé par le réseau d'intégrer un nouveau bloc de transactions, de sorte qu'ils passent à la blockchain, qui produit une certaine récompense de cryptocurrencies, au milieu de cette gestion ne peut frapper un seul ensemble de résultats pour cette énigme.

Ce qui est proposé sur le réseau des crypto-monnaies, c'est que le seul moyen d'obtenir cette réponse est de la découvrir et de l'utiliser, donc la puissance est essentielle pour avoir la probabilité qu'un nœud minier puisse trouver des solutions à l'énigme établie, mais tout est basé sur la puissance du minage, pour faire la différence avec les autres nœuds miniers du réseau.

Un mineur possédant 5 % de la puissance minière totale d'un réseau est en mesure de résoudre un plus grand nombre d'énigmes qu'un mineur possédant seulement 1 % du débit total, mais lorsque plusieurs mineurs se regroupent, ils peuvent totaliser 100 % de la puissance minière du réseau.

Comme vous avez plus de chances en votre faveur, l'exploitation minière devient sans aucun doute plus rentable, parce que chaque membre du groupe obtient beaucoup plus que ce qu'il pourrait obtenir s'il le faisait seul, c'est une raison importante pour choisir d'exploiter une mine dans un pool et pourquoi il gagne en popularité.

D'autre part, si vous vous retrouvez à miner une cryptocurrency telle que Monero, car elle est classée comme anti-ASIC, c'est-à-dire qu'elle est adaptée au minage CPU et GPU, il serait encore insuffisant de miner seul, car vous pourriez avoir peu de puissance de minage par rapport à l'ensemble du réseau, donc opter pour un pool est le plus approprié.

Selon les estimations de CoinWarz.com, un joueur équipé d'un GPU AMD-Rx 570 peut passer plus de 2 000 jours pour que le premier bloc soit miné seul, soit plus de 5 ans pendant ce processus, qui peut être plus ou moins long selon les valeurs affichées par le réseau.

De même, lorsque vous aurez extrait un bloc, vous recevrez la totalité de la récompense des crypto-monnaies extraites, mais vous ne pouvez pas perdre de vue le temps qu'il faut pour arriver à ce point, c'est pourquoi il est souligné que, grâce au minage en commun, vous pouvez recevoir un niveau plus élevé de redevances pour la puissance productive.

Dans certains cas négatifs, la valeur des crypto-monnaies peut être dramatiquement dévaluée par le temps qu'il faut pour miner un bloc, ce qui peut faire que vous ne soyez pas payé pour votre participation au réseau.

- **La forme de paiement dans les pools**

L'un des doutes concernant les pools est la distribution des cryptocurrences minées, pour laquelle il existe diverses méthodes de paiement, généralement PPS (Pay

Per Share), PPLNS (Pay Per Last N Shares) et FPPS (Full Day Per Share), DGM (Double Geometric Method), ainsi que d'autres options supplémentaires.

Chaque option de paiement se concentre sur le partage des bénéfices de manière égale, en fonction de la puissance de minage fournie par chaque participant, bien qu'il soit essentiel de noter que la récompense que vous pouvez recevoir pour le minage des nœuds est composée de deux parties, la première étant les nouvelles cryptocurrencies qui sont émises lorsqu'un nouveau bloc est ajouté à la chaîne.

D'autre part, il y a les commissions qui surviennent par transaction qui correspondent au même bloc, mais selon le type d'administrateurs de pool, ils peuvent imposer comme condition de garder le produit des commissions et est responsable de la distribution des nouvelles cryptocurrencies générées pour les travailleurs.

Les administrateurs de pools facturent aux membres un pourcentage de ce qu'ils ont extrait, c'est souvent une autre façon de maintenir des frais de participation au sein du groupe, afin que la maintenance puisse être mise en œuvre pour le pool, c'est pourquoi l'extraction dans un pool reste une alternative viable.

Pour commencer dans le monde de l'exploitation minière, c'est une option qui prend de l'ampleur, car vous n'avez pas besoin d'investir autant pour l'équipement, car l'exploitation minière par vos propres moyens nécessite plus de puissance pour être un chemin rentable, tout est relatif ou proportionnel au hashrate total du réseau, ce qui demande une marge d'investissement considérable.

Ce que représentent les mineurs du web

Il s'agit d'un type de logiciel qui est installé sur la base de code d'un site Web, ce qui permet aux ordinateurs des visiteurs de miner des crypto-monnaies. L'installation de ce type de logiciel peut être effectuée par l'administrateur du site Web ou par un attaquant qui peut pirater le site Web.

Parfois, les mineurs web sont classés dans la catégorie des logiciels malveillants, car le logiciel n'émet aucune sorte d'autorisation, mais ne fait qu'exécuter, mais ce n'est pas le but du programme, mais cela fait partie de la responsabilité de l'installateur, car il peut inclure un avertissement pour demander l'autorisation avant de l'activer.

Les mineurs Web sont employés comme un type de pouvoir, mais exigent un niveau élevé de responsabilité, afin que leurs fonctions soient équitables et puissent être exploitées par n'importe quel utilisateur en ligne, mais cela n'exclut pas que certains usages inappropriés puissent être générés sur les mineurs Web.

Une façon frauduleuse d'utiliser cette alternative est de l'installer à travers la base de code d'un site web, permettant ainsi d'effectuer le minage sur l'ordinateur de tous ceux qui fréquentent le site jusqu'à ce que les récompenses du minage soient obtenues, mais il est illégal d'effectuer ce processus sans autorisation et correspond à une escroquerie.

De même, lorsqu'un tel programme s'exécute sans avertissement, il impose une demande d'énergie plus élevée aux ordinateurs des utilisateurs qui accèdent au site web, car le minage de crypto-monnaies sollicite fortement les performances du processeur, en particulier sur les ordinateurs qui ne sont pas conçus pour le supporter.

Pour cette raison, certains ordinateurs peuvent commencer à fonctionner plus lentement, et dans certains smartphones cela cause de sérieux dommages à leurs performances, car l'expansion thermique utilisée par l'exploitation minière peut dépasser les caractéristiques habituelles de l'appareil.

Ces ravages malveillants ne représentent cependant pas toute la fonctionnalité de ce logiciel, car les mineurs web sont utilisés pour certains objectifs justes ou positifs, comme certaines initiatives sont enregistrées qui, si elles demandent la permission de miner à travers votre ordinateur lorsque vous visitez le site web, pour une certaine cause charitable.

De même, sur certains sites Web, vous avez la possibilité de choisir la quantité de puissance de traitement que vous souhaitez donner afin de ne pas surcharger l'unité centrale pendant l'exploitation minière. Parallèlement, l'exploitation minière sur le Web est utilisée comme ressource pour les abonnements payants et la publicité sur les sites Web.

Dans ce dernier cas, c'est la même chose que pour les initiatives caritatives, car l'utilisateur a l'avantage de délivrer ou non l'autorisation pour que la puissance de traitement puisse être utilisée ou non pour le minage, mais cela correspond à un modèle économique en plein développement.

- **Le type de crypto-monnaies que vous pouvez extraire avec un mineur Web**

Normalement à propos des mineurs web, la crypto-monnaie Monero est utilisée, car c'est un actif qui peut être miné par CPU comme un moyen beaucoup plus rentable, surtout lorsque vous obtenez une quantité positive d'ordinateurs à ajouter à cet effet.

En outre, une autre raison de choisir cette crypto-monnaie est son projet, car il correspond à un actif qui est dédié à assurer la confidentialité des transactions, ceci est important pour la plupart des utilisateurs, car avec ce logiciel, ils ne seront pas suivis et ne passeront pas un moment vulnérable avec leur sécurité.

Tout ce que le cloud mining génère

Il s'agit d'un service où vous pouvez louer la puissance minière, afin de recevoir les récompenses que vous avez générées, il peut être compris sous l'action de réaliser l'exploitation minière, mais de la main d'un tiers, mais cette fois, il s'agit d'une plate-forme qui offre une partie de la puissance minée.

Mais cette voie cache diverses questions comme la rentabilité, et s'il n'est pas préférable d'utiliser ses propres moyens pour miner en utilisant son propre matériel, pour répondre à ces questions il faut prendre en compte les mêmes facteurs qui ont à voir avec la rentabilité du minage traditionnel de crypto-monnaies.

Cela signifie que la rentabilité de l'exploitation minière par vos propres moyens et par le biais du cloud est similaire, mais il existe un risque d'être escroqué pour avoir investi dans l'exploitation minière par le cloud, ce qui n'est pas le cas lorsque vous exploitez votre propre mine, mais l'avantage de l'exploitation minière par le cloud est que vous ne devez pas investir dans tout l'équipement nécessaire.

Au lieu d'acheter du matériel d'exploitation minière, vous n'avez pas à vous soucier de l'électricité, des systèmes de refroidissement et d'autres variables similaires, de sorte que vous n'avez pas à vous soucier de la maintenance et de l'entretien du matériel.

Mais un inconvénient à prendre en compte est qu'il s'agit d'un système où le risque d'escroquerie est élevé, car l'énergie minière utilisée et fournie par les plateformes provient de fermes qui font partie des entreprises et il est donc compliqué de vérifier qu'elles respectent toute l'énergie minière qu'elles génèrent.

En plus de cela, certains contrats ont des clauses sur l'annulation du service, dans le cas où les prix des crypto-actifs sur le marché ne sont pas bénéfiques pour eux, c'est un écart risqué pour tout le monde, et il est impossible d'ignorer, cela génère un intérêt pour discuter de la peur de l'arnaque.

Normalement, ce qui est le plus débattu dans ce type d'investissement est la sécurité et la fiabilité. Pour répondre à cette question, il est essentiel d'analyser le contexte de la plateforme minière en nuage dans laquelle vous allez investir, car il s'agit d'un modèle d'entreprise qui émerge comme une innovation dans l'environnement minier.

La vérité est qu'il existe quelques cas d'escroqueries latentes, de sorte que la réputation de ce modèle commercial peut être ternie, mais on ne peut omettre le nombre de plateformes qui offrent ce type de service, où le niveau de confiance qu'elles possèdent est démontré par leur fonctionnement sans faille.

Au milieu de l'écosystème de cette plateforme et de ses utilisateurs, vous pouvez vous décider pour ce type d'entreprises, l'une des premières dédiées à cet effet est CEXio, mais la plus populaire est Genesis Mining, dans ce monde un modèle d'affaires similaire au cloud mining, où la puissance minière n'est pas louée à une entreprise mais à d'autres mineurs.

Ces plateformes servent d'intermédiaires entre les utilisateurs qui veulent acquérir la puissance de traitement, et d'autres qui cherchent à la vendre, cela montre combien il existe de personnes qui veulent miner des cryptocurrences, mais qui n'ont pas les ressources nécessaires pour atteindre cet objectif, car l'acquisition de matériel de minage est élevée.

D'autre part, d'autres personnes possèdent un équipement minier de pointe, mais ne sont pas très attirées par le minage, c'est pourquoi des plateformes telles que NiceHash et Mining Rig Rentails fournissent ou créent une place de marché de hashrate, présentant ainsi une grande compatibilité entre les besoins des deux groupes de personnes mentionnés ci-dessus.

Le principal avantage de ces médias est qu'il s'agit de plateformes qui n'ont pas de hashrate propre, et le mieux est que vous pouvez évaluer à l'avance la réputation et les réactions de la communauté minière.

Les moyens les plus populaires de miner des crypto-monnaies

Lors du minage de crypto-monnaies, il est nécessaire de reconnaître certains aspects fondamentaux, comme cela a été mentionné à plusieurs reprises, le point clé de toute cette dynamique est la technologie blockchain, car c'est ce qui facilite la compréhension de la composition de ce marché, qui à première vue peut être compliqué à comprendre ou à maîtriser.

La réalité de ce processus est qu'il nécessite la maîtrise de l'information, car l'apprentissage du minage est une phase progressive, où l'utilisateur contribue à la décentralisation de ce type d'actifs, car le minage est basé sur la vérification des transactions qui sont effectuées avec les pièces afin qu'elles entrent dans le grand livre numérique appelé blockchain.

Ce grand livre est géré sur la blockchain sous la forme d'une base de données, qui a la qualité d'être cryptée et d'être modifiée grâce à un hash cryptographique, c'est-à-dire le calcul qui est mis en œuvre pour crypter chaque bloc, et c'est aussi un support incorruptible, car la base de données ne peut pas être modifiée.

Il ne faut pas oublier que l'environnement des crypto-monnaies est décentralisé, où les personnes qui se consacrent à l'enregistrement de ce type d'opérations sur le réseau blockchain sont appelées mineurs, car ce sont eux qui prennent des notes dans la base de données blockchain.

Pour remplir la fonction principale des mineurs, une puissance de calcul est mise en œuvre pour résoudre certains algorithmes qui chiffrent les blocs et transcrivent les transactions sur ces blocs, cette puissance de calcul permet de déterminer le hash cryptographique, c'est-à-dire un calcul qui vise à chiffrer les opérations afin qu'elles ne soient pas manipulées.

Au fur et à mesure que cette puissance de calcul est prêtée, chaque mineur sera récompensé par des crypto-monnaies provenant du réseau de la blockchain qu'il est chargé de faire fonctionner, de la manière suivante :

1. Extraction de crypto-monnaies avec des cartes vidéo GPU

Il est reconnu comme étant le premier type de minage, et son développement a été motivé par le besoin de miner des bitcoins. Les mineurs GPU se consacrent à l'utilisation de la puissance de calcul des cartes graphiques vidéo pour résoudre les problèmes de calcul qui se posent sur le réseau.

Mais lorsque la puissance de calcul n'est pas disponible, comme c'est le cas pour les réseaux de blockchain minés par GPU, une plus grande puissance est nécessaire ou exigée pour un minage réussi.

2. Extraction de crypto-monnaies avec des machines ASIC

Une machine ASIC, fait référence à un circuit intégré spécifique à une application", la création de ces derniers a été spécialement pour le minage de crypto-monnaies, pour cette raison ils ont une plus grande puissance de calcul par rapport aux cartes vidéo, aussi avec le temps cette puissance a augmenté.

Cela signifie que le niveau de difficulté croissant du minage sur les réseaux blockchain est compatible avec ce type d'équipement, et à ce jour, les équipements ASIC continuent d'être utilisés pour le minage des cryptocurrences, en particulier le bitcoin.

Comment gagner un revenu en exploitant des crypto-monnaies

Des doutes surgissent quant à la façon dont l'argent est gagné dans le minage de crypto-monnaies, car tous les participants ne peuvent pas gagner des récompenses. La première étape consiste donc à travailler avec certains logarithmes spécifiques aux actifs, dans le cas du bitcoin, la preuve de travail doit être utilisée.

Ce que vous devez savoir, c'est que le réseau blockchain récompense les mineurs qui créent une chaîne de blocs valide et longue, appelée "récompense de bloc", pour couvrir la participation de l'utilisateur au réseau afin qu'il continue à fonctionner honnêtement.

Une chaîne longue et fonctionnelle nécessite un niveau plus élevé de puissance de calcul, ainsi le réseau cherche à générer des bitcoins et à fournir les récompenses correspondantes, à cet effort s'ajoute le niveau de compétition qui peut survenir pour générer le bloc le plus long, et pour cela il est nécessaire d'avoir les performances d'une ferme minière ou de faire partie d'un pool.

La puissance de calcul ensemble, génère de meilleurs résultats, c'est aussi plus économique car l'investissement est réduit, donc quand vous envisagez de miner n'importe quelle crypto-monnaie, vous devez mesurer le niveau d'investissement pour arriver à avoir cette puissance de calcul, qui est nécessaire pour concurrencer les autres équipements à forte consommation qui font partie du réseau.

Envisager d'être mineur dans un réseau blockchain, c'est comprendre que cela a un coût particulier que vous devez couvrir pour y entrer, cela se réfère tout d'abord à l'équipement informatique connecté au réseau, sans laisser de côté la quantité de ressources consommées par ces appareils, pour l'énergie requise 24 heures sur 24 tous les jours.

D'autre part, le système de refroidissement est une nécessité car les équipements restent allumés pendant une longue période, ce qui augmente la consommation électrique du système de refroidissement. C'est une raison évidente pour laquelle les fermes minières sont établies, notamment pour éviter le coût de l'électricité dans les endroits où elle est gratuite.

Le côté spécial de cette activité est dû à l'équipement minier, celui-ci a un coût minimum de 395 dollars et un maximum de 1 316 dollars, bien qu'à cela s'ajoute la valeur de l'alimentation, où il ne faut pas lésiner non plus car c'est un équipement important.

Combien pouvez-vous générer en minant des crypto-monnaies ?

Dans les calculs des bénéfices du minage de crypto-monnaies, il est vital d'ajouter ou de considérer ce que représente l'investissement pour un équipement de minage, car ce sont des ressources fondamentales pour cette activité, mais elles modifient la rentabilité de cette activité dans certains cas, et pour générer plus d'argent, il faut penser à investir au début.

Pour mesurer les résultats ou les incidences de la rentabilité, vous devez suivre les conseils donnés au début comme l'utilisation de calculatrices, après cela vous pouvez combiner vos performances et la fréquence avec laquelle vous allez miner, mais les montants des cryptocurrencies ne sont pas exacts.

Tout au long de la période de gestion du minage, de nombreuses variables peuvent changer, notamment celles liées à la crypto-monnaie elle-même. D'autre part, l'estimation est présentée en valeur brute, mais il faut tout de même réduire le coût de la consommation d'électricité et les options permettant de faire fonctionner l'équipement plus longtemps avec un refroidissement approprié.

Comment exploiter l'Ethereum

Peu importe si vous n'avez pas assez de connaissances, vous pouvez découvrir en détail ce que représente le minage Ethereum, pour cela vous devez connaître les caractéristiques clés derrière cette crypto-monnaie et sur les pouvoirs de minage, dans ce cas, c'est un actif qui date de 2015.

Ethereum est défini comme une plateforme logicielle entièrement décentralisée, et est plus qu'une simple plateforme, car il possède et met en œuvre un langage de programmation, c'est-à-dire Turing complet, ce qui signifie qu'il fonctionne à travers une blockchain, pour fournir une assistance aux développeurs lorsqu'ils utilisent des contrats intelligents et des applications distribuées (Dapp).

Par le biais de ce type de plateforme, on cherche à mettre de côté les fraudes, sans temps d'arrêt ni contrôle par des tiers, l'Ether est connu comme la crypto-monnaie qui utilise la plateforme Ethereum, il est connu comme un jeton qui permet de payer les frais de transaction et certains coûts de calcul.

Le pouvoir de l'Ether s'est accru au point de devenir l'une des plus importantes monnaies numériques après le Bitcoin. C'est pourquoi les développeurs utilisent des contrats intelligents pour pouvoir recevoir, stocker et envoyer de l'Ether à d'autres développeurs également.

Cela signifie que l'éther motive les développeurs à créer et à fournir de meilleures applications pour la plateforme Ethereum, et lorsqu'il s'agit de paiements, c'est la voie à suivre.

- **Commencez à extraire de l'Ethereum**

Le minage d'Ethereum est simple, il gagne donc un niveau de pertinence plus élevé, mais les bases sont de savoir comment ce type de minage fonctionne, mais il suit la même dynamique que le minage de Bitcoin où les équations mathématiques sont résolues au moyen de matériel qui est idéal à cette fin.

La participation de mineurs du monde entier sur Ethereum est un fait notoire, et utile pour le réseau car ce sont des personnes qui investissent leur temps dans la résolution d'énigmes mathématiques complexes, lorsqu'ils obtiennent les réponses à un tel problème cryptographique, les mineurs peuvent intégrer les blocs aux blockchains Ethereum.

C'est la dynamique de base pour obtenir les récompenses que vous recherchez, une fois que le mineur a résolu une équation, il peut compter obtenir 2 ETH pour chaque bloc, cela doit inclure des frais de transaction ajoutés à ce bloc, mais il est seulement possible de créer le montant de 18 millions de nouveaux ETH par an.

Il n'y a pas de limite au nombre total de jetons qui peuvent être émis, mais le bitcoin a un nombre fini de jetons, c'est pourquoi il existe différentes façons de miner l'ETH, comme les suivantes :

1. L'exploitation minière en solo, qui est basée sur l'exploitation minière privée en solo.
2. Faire partie d'un pool minier d'ETH.
3. L'exploitation minière en nuage.
4. Construisez votre propre pool minier.

Dans le cas de cette dernière option, qui a été décrite comme ayant un niveau élevé de concurrence, il s'agit d'un type d'exploitation minière qui nécessite un investissement pour pouvoir exploiter une quantité réellement significative.

- **Extraction d'Ethereum au moyen de matériel spécifique**

Dans le cas du matériel minier Ethereum ou plateforme minière, il s'agit d'une machine qui répond à une conception spéciale pour miner ce type de crypto-monnaie. Les plateformes minières sont décrites comme un ensemble de matériel composé d'une alimentation, d'une carte mère, d'un GPU ou d'une carte graphique et d'un dispositif de refroidissement.

D'une manière générale, Ethereum peut être exploité à l'aide de CPU et aussi de GPU, les plateformes d'exploitation minière CPU ont un processeur CPU pour mettre en œuvre des algorithmes compliqués pour trouver des solutions aux blocs qui font partie de la blockchain, les plateformes d'exploitation minière CPU sont les plus populaires pour les mineurs.

La passion pour les plateformes de minage est basée sur le fait qu'elles sont moins chères et plus faciles à utiliser, il suffit d'avoir un ordinateur, mais l'inconvénient est que c'est une façon de travailler beaucoup plus lente, vous pouvez donc apprendre et envisager de miner l'ethereum au moyen d'un matériel spécial ou d'un GPU.

Une unité de traitement graphique aide les mineurs à générer un niveau plus élevé de puissance de hachage, dans le cas des plates-formes minières GPU qui appliquent des cartes graphiques qui n'exécutent pas d'algorithmes de type CPU, mais qui parviennent au moins à mener à bien les processus miniers par le biais de réseaux fermés.

Les plates-formes minières GPU fonctionnent à un niveau plus élevé que les plates-formes minières CPU, mais la seule chose que vous devez prendre en compte est qu'elles sont très chères, et ce type de qualité de performance peut atteindre des milliers d'euros.

C'est pour ce raisonnement économique qu'ils choisissent l'alternative la moins chère, mais cela affecte les performances car l'exploitation minière nécessite du matériel spécialisé pour que vous puissiez faire des bénéfices, même si cela implique des coûts d'exploitation.

Les meilleurs modèles de matériel pour le minage d'Ethereum sont les suivants :

1. Radeon RX 5700 XT

La Radeon RX 5700 XT avec une inclusion triple dissipation, est l'une des meilleures cartes pour ceux qui veulent être des mineurs ETH, car il permet de répondre à une mesure de 660 Mega Hash, utilise également jusqu'à 68w par carte, ce qui revient à 0,16 euros par jour, représentant un coût qui est estimé à 400 et 500 euros.

2. Nvidia GeForce GTX 1070

La Nvidia Geforce GTX 1070 est reconnue comme l'une des cartes graphiques les plus populaires, notamment pour les gamers, mais elle fonctionne également pour développer le minage, c'est pourquoi elle est une alternative à considérer pour le minage de cette crypto-monnaie.

Sa principale qualité est qu'il est capable de fournir un taux de hachage très élevé, sans nécessiter de grandes quantités d'électricité.

3. **Nvidia GeForce GTX 1660 Ti**

Un choix favori parce qu'elle exploite jusqu'à 30,5 Mega Hash par carte, demande une puissance globale de 68w, et coûte moins de 200 euros, c'est une carte qui vaut la popularité de la marque ainsi que la puissance qu'elle équivaut à une NVIDIA pour un coût moindre.

- **Comment miner de l'Ethereum depuis un PC**

Si vous souhaitez extraire de l'or à partir de votre ordinateur, sans quitter votre domicile, c'est une possibilité dont vous pouvez profiter en suivant les étapes suivantes :

1. Pour miner de l'Ethereum sous Windows, vous devez avoir au moins Windows 7 64-bit ou plus.

2. L'exploitation minière nécessite un PC avec 4 Go de mémoire GPU, plus un minimum de 4 Go de RAM système, plus la stabilité de la connexion Internet, afin de ne pas perdre de puissance lorsque vous exploitez le minerai.
3. L'installation de la version actuelle des pilotes de votre GPU doit être effectuée.
4. Téléchargez le logiciel nécessaire pour effectuer la fonction de minage, pour cela il existe de nombreux programmes de minage d'Ethereum.
5. Modifiez les paramètres de Windows, comme la taille de la mémoire virtuelle à une mesure de 16 384 Mo, puis allez dans les paramètres d'alimentation de Windows, et vous pourrez alors désactiver le mode veille. Une fois que vous avez fait cela, vous pouvez aller dans les paramètres de Windows Update et le désactiver, car si vous utilisez Windows Defender et un antivirus, il peut interférer avec le programme de minage en le classant comme une menace.
6. Sélectionnez un pool minier qui correspond à vos préférences.

7. Modifiez le fichier .bat du programme minier selon les instructions que vous avez reçues dans le pool minier sélectionné.
8. Créez et mettez en place un portefeuille pour stocker les éthers que vous gagnez.

Pour chaque système d'exploitation, il existe des étapes spécifiques qui adaptent l'ordinateur au processus d'extraction, il suffit de comprendre la manière particulière de gérer ce type de système, comme avec un Mac.

- **Extraction d'Ethereum avec Mac**

La communauté minière ne voit pas d'un bon œil l'utilisation d'un Mac pour le minage, car le logiciel de minage le plus efficace pour Ethereum n'a pas de version disponible pour ce type de système d'exploitation, mais on peut utiliser une interface utilisateur graphique (GUI) comme Minergate.

Dans le cas de l'utilisation de Minergate comme substitut, vous pouvez mettre en œuvre les étapes suivantes :

1. Téléchargez le logiciel sur le site web de Minergate.
2. Créez un compte.
3. Connectez-vous au logiciel en utilisant le compte que vous avez créé.
4. Commencez à extraire de l'Ethereum.
5. Bien que l'exploitation minière ne soit pas disponible pour une utilisation sur Mac.

Compte tenu des limites de ce système d'exploitation, ce n'est pas la voie à suivre pour faire partie du monde minier.

- **Logiciel de minage d'Ethereum**

La liste des logiciels pour miner Ethereum est utile pour clarifier et prendre le chemin le plus approprié, mais surtout celui qui est le meilleur en termes de performance, vous pouvez consulter ce qui suit :

1. **Claymore**

Il est compatible avec les systèmes d'exploitation Windows et Linux, sans laisser de côté qu'il est l'un des meilleurs pour le minage sur Windows 10 surtout, mais il reste un programme efficace pour le minage, car il dispose d'un double mineur Ethereum qui facilite l'extraction des crypto-monnaies avec des algorithmes sans diminuer le taux de hachage.

La principale qualité de Claymore est qu'il permet le minage d'autres crypto-monnaies en plus d'Ethereum, la commission de minage est fixée à 1%, en cas de sélection du double minage, la commission passe à 2%, et le processus de téléchargement est simple.

2. **Ethminer**

Il s'agit d'un logiciel bien connu pour le minage par GPU Ethash, qui permet de miner facilement toutes les crypto-monnaies soumises à l'algorithme Ethash (Ethereum, Ethereum Classic, Expanse, Musecoin et autres), et il a également une large compatibilité avec Mac, Windows et Linux.

Il a une conception spéciale pour fonctionner avec les cartes graphiques Nvidia, et reste en tête du classement des meilleurs logiciels de minage d'Ethereum pour Windows 7 et Nvidia.

3. MinerGate

Il est considéré comme l'un des meilleurs logiciels de minage d'Ethereum pour les propriétaires de Mac, il offre également aux mineurs la possibilité de miner BTC, Monero, Zcash, Litecoin et d'autres jetons en plus d'Ethereum, et les fonctionnalités ont une commission qui varie de 1% à 1,5% en fonction de la monnaie numérique.

La manipulation de ce logiciel est simple, car il est utile à tout novice pour débuter dans le monde de l'exploitation minière, de plus il dispose des options traduites en différentes langues.

4. CGMiner

CGMiner est considéré comme un logiciel de minage d'Ethereum qui accomplit des actions basiques et gratuites, il est écrit en C++, donc il s'adapte à la plupart des plateformes, au moyen d'une interface simple pour prendre le contrôle, cela fait qu'il peut fonctionner à travers différents pools miniers et dispositifs.

L'interface pour les utilisateurs et l'adaptation des commandes ne génèrent pas de problèmes, il dispose également d'accessoires comme le calculateur de minage Ethereum, qui est une aide pour gérer et contrôler le taux de hachage, c'est-à-dire que chaque donnée qui vous intéresse est à portée de main.

La conception que CGMiner a est basée sur le logiciel de pool minier Ethereum, il est mis en œuvre sur le GPU comme une sorte d'avantage pour les débutants de grandir dans ce milieu, ils ont seulement besoin d'entrer le nom d'utilisateur, l'URL, le mot de passe et de choisir le pool minier, avec le matériel informatique qui est appliqué automatiquement.

5. **Geth**

C'est un développement de l'équipe Ethereum, il est considéré comme l'un des mineurs originaux, car c'est celui qui permet de transférer les fonds dans différentes directions, de montrer l'historique des blocs et de générer les contrats, il est compatible ou fonctionnel avec Windows et Mac.

6. Phoenix Miner

Il s'agit d'un programme de minage d'Ethereum avec une histoire courte, mais en même temps innovante parce que sa dernière version dispose d'un support de minage double, qui rend le minage simultané entre Ethereum et Ubiq une réalité.

Les moyens de miner Ethereum mentionnent la voie des pools, qui pour beaucoup représente une énorme quantité de doutes qui peuvent être résolus au moyen des détails suivants discutés :

- **Extraction d'Ethereum avec des pools**

Si l'on se base sur le nombre de mineurs qui se concentrent sur les jetons ETH, l'activité devient plus complexe, notamment pour atteindre la récompense fournie par un bloc miné, ce qui permet à chaque mineur d'avoir une faible chance de résoudre une équation et d'obtenir la récompense.

C'est la principale motivation de nombreuses personnes pour choisir un pool minier, qui est un groupe de mineurs qui se consacrent au partage des efforts, afin d'avoir des récompenses également distribuées découlant de l'activité de minage de crypto-monnaies.

Grâce à un pool minier, vous pouvez trouver un serveur qui partage une équation mathématique, dans une opération plus petite à distribuer entre les ordinateurs qui participent, une fois que les utilisateurs qui sont connectés résolvent un bloc ensemble, la récompense est distribuée proportionnellement, en fonction de la puissance apportée par chaque utilisateur.

Grâce à poolwatch.io, les meilleurs pools miniers sont publiés, où Sparkpool, Ethermine, F2Pool, SpiderPool et Nanopool se distinguent. Ce qui est important, c'est que vous pouvez choisir un pool minier Ethereum qui possède un niveau de hashrate, une réputation et un taux de commission intéressants.

Cependant, vous ne pouvez pas ignorer qu'il existe de nombreuses façons de miner de l'Ethereum, ce ne sont pas les seules, et vous pouvez trouver une alternative où il est plus rapide d'obtenir le jeton.

Ce dont vous avez besoin pour miner du Zcash

Les exigences générales pour la mise en place d'un système d'exploitation minière Zcash, conseille d'envisager l'utilisation de graphiques AMD ou NVIDIA, car c'est un matériel reconnu et recommandé pour le type de système derrière la crypto-monnaie, ceci est utile à savoir en raison de la popularité de l'exploitation minière de la crypto-monnaie.

Mais la première étape pour prendre une décision ou une préférence n'est pas d'ignorer ce qui est nécessaire, afin d'avoir une plateforme minière, mais cela se produit lorsque vous assemblez les composants nécessaires, cela peut être considéré comme une étape minimale pour se concentrer sur ce qui est nécessaire pour miner du Zcash et analyser la rentabilité.

1. **Plaque de base**

La carte mère est le point critique pour le minage des crypto-monnaies, elle doit donc être choisie en pensant à l'importance qu'elle a, pour cela il faut prendre en compte qu'avant de choisir la carte mère il faut savoir le nombre de cartes graphiques que vous allez installer et en fonction de ce nombre la carte mère est choisie.

L'un des plus frappants est le Biostar TB250-BTC qui est utilisé pour six cartes graphiques et dont le prix est d'environ 90 euros, tandis que le Biostar TB250-BTC PRO est conçu pour douze cartes graphiques et coûte 250 euros. Ainsi, selon votre capacité, vous pouvez en examiner un à la fois ou en chercher d'autres sur le marché.

Actuellement, ces cartes mères sont conçues pour les processeurs Intel uniquement.

2. **Processeur**

Le processeur correspond à une alternative abordable, parce que vous n'avez pas besoin d'un processeur très sophistiqué, utiliser le plus simple Intel Core i3 est suffisant, au moyen du Core i3 6100 vous pouvez commencer à miner et il est l'un des plus choisis parce que sa valeur moyenne est de 100 euros avec le dissipateur thermique.

Cette taille de processeur est suffisante, car on ne demande pas au processeur de supporter autant de charges, mais toutes les performances de la charge minière ont beaucoup à voir avec les graphiques, même si vous devez tenir compte du fait qu'il n'y a pas de carte mère pour l'exploitation minière qui se fait sur des processeurs AMD, donc ils ne sont pas une option.

3. **Mémoire RAM**

À ce stade, la décision peut varier, tant que vous pouvez commencer à partir de la taille minimale de 4 Go de mémoire RAM, car il s'agit d'une taille suffisante pour ce type de système, vous pouvez également préférer un module ou deux modules, mais il est préférable d'aller pour la deuxième option pour avoir des paramètres Dual Channel.

Il est conseillé de ne pas oublier d'acheter de la mémoire avec le dissipateur thermique inclus, car cela améliore les performances de la mémoire, et si vous voulez vous débarrasser du système plus tard, ils sont plus recherchés lors de la vente en tant qu'article d'occasion, mais il est conseillé d'investir dans la RAM DDR4.

4. **Stockage**

Le domaine ou ce qui se réfère au disque dur, il est toujours préférable d'opter pour un SSD qui a un coût de 60 à 65 euros, de même vous pouvez penser à SATA comme M.2 SSD 120GB, cela est suffisant pour qu'à tout moment vous décidez de prendre votre retraite vous pouvez vendre l'appareil sans problèmes.

Les performances maximales peuvent être obtenues en choisissant un disque dur mécanique de 500 Go ou 1 To, selon ce qui vous intéresse le plus. Dans tous les cas, vous pouvez le diviser et mettre en place un serveur Storjcoin pour récupérer votre investissement.

5. **Alimentation électrique**

C'est l'un des points qui peut représenter un coût plus élevé, mais il est inférieur à l'investissement à faire sur une carte graphique, à ce stade vous pouvez investir jusqu'à 200 euros pour une qui a la certification 80Plus Gold, ainsi qu'une puissance minimale de 1000w, dans le cas d'avoir six cartes graphiques, vous aurez besoin de deux alimentations.

Le Enermax Revolution 87 1000w est estimé à 180 euros, et est l'un des plus populaires pour l'exploitation minière, en plus il y a le Chieftec Nativas 1250w qui est vendu à 230 euros, les deux supportent trois cartes graphiques.

6. **Carte graphique**

C'est un élément clé pour le minage, si par exemple vous êtes intéressé par l'Ethereum, vous pouvez préférer les cartes graphiques AMD, notamment les RX 570/580, mais la rentabilité de cette option n'est pas encore prouvée, en revanche, le minage du Zcash est bien meilleur avec NVIDIA, et c'est aussi une carte graphique compatible avec d'autres crypto-monnaies.

Pour définir le type de carte graphique, vous devez toujours penser au type de cryptocurrency que vous voulez miner, dans le cas où vous continuez avec l'intention de miner Zcash, vous pouvez essayer les meilleures cartes graphiques NVIDIA telles que la GTX 1060 pour son prix ou la GTX 1070 pour sa puissance de minage, mais si vous voulez miner au dernier niveau, vous devriez choisir GTX 1080 Ti.

7. **Élévateur**

La colonne montante est également ce dont vous avez besoin pour former une plate-forme d'exploitation minière, ceci avec d'autres articles devrait être acheté, sous la concentration que vous achetez la version 6 de ce type d'accessoire, tout en évaluant toujours le type de fonctionnalités qu'il fournit, la protection est également un atout utile.

L'investissement global de tous ces aspects est d'environ 3 000 euros, mais a un retour sur investissement estimé à six mois, mais tout dépend de la valeur des cryptocurrencies, sans laisser de côté qu'un mois peut être plus productif qu'un autre, et le soin de l'équipement pour le garder au frais.

Les astuces pour miner du Monero via votre ordinateur

L'émergence de l'exploitation minière de Monero est curieuse, car il s'agit de l'une des exploitations minières qui peut encore être effectuée par une unité centrale ou des processeurs, il s'agit donc d'une alternative simple par rapport au marché minier plus large qui existe, c'est donc une bonne occasion de se lancer.

Le minage de ce type de monnaie numérique vous permettra de vous familiariser avec l'environnement de cette activité, c'est une aventure avec beaucoup de motivation car Monero est l'une des 20 meilleures cryptomonnaies actuellement, grâce à son projet qui présente des qualités de scalabilité.

Se lancer dans n'importe quel type d'exploitation minière exige un engagement à apprendre et à s'améliorer. Avant de commencer, vous devez donc considérer qu'il s'agit d'un investissement en temps et que vous devez respecter certaines mesures spéciales qui font partie de ce type d'activité, l'un de ces aspects étant la maîtrise technique de ce type de processus.

D'autre part, vous devez disposer d'une source d'alimentation électrique rentable, car le processus d'exploitation minière exige une demande continue d'énergie. Le processus d'exploitation minière nécessite donc des investissements pour fournir l'énergie nécessaire pour obtenir des récompenses.

Prendre soin du matériel informatique est également une mesure utile, et se libérer des pressions, il est préférable de commencer le minage avec une vision beaucoup plus ouverte de ce qui se passe sans anticiper les résultats, mais il est toujours possible d'apprendre à prendre en main la possibilité de générer des gains sur le minage.

Tout d'abord, lorsque vous choisissez ce type d'exploitation minière, vous devez avoir installé le logiciel d'exploitation minière le plus recommandé tel que GNU/Linux, car il a un code source ouvert et cela diminue les problèmes de virus ou de toute autre vulnérabilité, mais vous pouvez utiliser Windows comme moyen facile de commencer.

- **L'utilisation de l'algorithme RandomX**

Le développement de l'exploitation minière nécessite la connaissance du développement de l'algorithme RandomX, car il ne nécessite pas de machine spéciale comme les ASIC, c'est donc un avantage pour que plus de personnes s'impliquent, c'est un algorithme qui est responsable de l'intégration de l'aléatoire aux processus qui sont gérés dans l'exploitation minière.

Ces types de fonctions rendent difficile la fabrication de dispositifs ASIC qui diminuent la décentralisation de l'écosystème des crypto-monnaies.

- **Les conditions pour exploiter Monero**

La première chose à laquelle vous devez penser lorsque vous cherchez à faire partie de ce type d'exploitation minière, est l'équipement informatique car c'est ce qui servira à réaliser l'activité principale de l'exploitation minière, ce type d'équipement peut être un PC, un ordinateur portable ou un ordinateur portable professionnel, l'important est que vous puissiez travailler 24 heures sur 24, 7 jours sur 7.

De même, si vous disposez des meilleures caractéristiques techniques, vous obtiendrez de bien meilleures performances minières. Le minimum à mettre en œuvre est un processeur doté d'un système d'exploitation 64 bits, soit Windows, soit GNU/LINUX, avec 4 threads ou cœurs de processeur, 4 Go de RAM, associé à une bonne connexion à large bande.

L'équipement doit être doté d'un logiciel spécialisé dans le minage de Monero, dont le plus simple et le plus utilisé est XMR-Rig, et vous devez également disposer d'un portefeuille Monero pour recevoir les dépôts qui font partie de l'activité minière.

- **Les étapes de l'exploitation minière en Monero**

Pour que vous puissiez participer à ce processus sans problème ni confusion, vous pouvez suivre cette démarche de base étape par étape jusqu'à ce que vous ayez terminé ce processus :

1. **Créez votre portefeuille**

La première chose que vous devez faire est de créer un portefeuille Monero, afin que les dépôts ne soient pas une complication et puissent être sécurisés, de cette façon vous avez la tranquillité d'esprit que l'activité minière ne sera pas en vain, pour cela vous pouvez utiliser le portefeuille offert par le site officiel de Monero, il suffit d'entrer dans la section Téléchargements, et sélectionnez GUI Wallet.

Lorsque vous êtes dans cette section, vous devez faire attention à la nécessité d'avoir Windows 64 bits, car il ne fonctionne qu'avec un système 64 bits, donc si vous ne vous conformez pas à cela, cela signifie que votre PC ne supportera pas le développement du logiciel, mais si vous l'avez, vous devez juste suivre les instructions sur le site web pour former le portefeuille.

2. Démarrer le portefeuille

Une fois que vous avez téléchargé le portefeuille, il vous suffit de l'exécuter pour sélectionner la langue, puis de cliquer sur continuer, pour sélectionner le mode d'exécution dans lequel se trouvera le portefeuille, il peut s'agir du mode simple qui utilise le portefeuille comme garde et se connecte avec d'autres nœuds, ou du mode bootstrap qui effectue la création d'un nœud local qui stocke la blockchain.

Enfin, il y a le mode avancé, il est destiné à fournir plus de fonctionnalités, il s'agit d'une expansion de l'exploitation minière, il vous permet de créer votre propre portefeuille, puis de vous fournir les données de la phrase d'amorçage, ce genre de données doit être bien stocké avec précision, si vous le perdez, vous accordez l'accès à votre portefeuille.

Une fois que vous avez noté ce genre de données, vous pouvez cliquer sur create wallet key, où vous devez choisir quelque chose que vous n'oublierez pas, pour procéder à l'installation par défaut en remplissant tous les paramètres, de cette façon vous configurerez le portefeuille pour qu'il continue à fonctionner.

Le processus de synchronisation est une mesure que vous pouvez mettre en place pour que tout soit à jour, cette étape se fait automatiquement et vous n'avez à vous soucier de rien.

3. **Télécharger le logiciel d'exploitation minière**

Le téléchargement du logiciel est ce qui ouvre la voie à l'activité minière, car l'équipement informatique va être mis en place pour que vous ayez votre propre centre minier ou espace minier, à travers XMR-Rig, grâce à la nature open source de ce type de programme vous pouvez trouver toute la documentation à télécharger.

La configuration du programme peut être réalisée sans aucun problème, et il vous permet d'avoir vos gains en même temps, ce que vous devez visualiser est le type de version dont vous avez besoin, tout dépend du système d'exploitation que vous utilisez.

4. **Choisir un pool minier**

Ayant couvert tout ce qui précède, il est temps de sélectionner le pool où vous voulez miner, pour effectuer cette étape, vous devriez considérer que ce serveur est proche de votre emplacement pour suivre la même ligne de performance sans problèmes, parce qu'un pool doit maintenir une activité minière stable.

Les échecs de livraison de paquets sont ce que personne ne recherche ou n'attend d'un pool, pour cette raison, la meilleure chose que vous puissiez faire est d'être réaliste et de prendre le pool qui vous convient le mieux pour faire des bénéfices. Vous pouvez aller sur moneropools.com pour lire une liste de pools miniers.

5. Ajuster le logiciel d'exploitation minière

Cette étape est proche de l'aventure minière, il suffit d'entrer dans la section de l'assistant de configuration pour effectuer quelques étapes clés, tout d'abord, il faut cliquer sur "Nouvelle configuration", puis sur "Ajouter un pool", ainsi vous pouvez choisir le support si vous mettez un mauvais pool et ensuite sur l'option personnalisée.

Lorsque vous mettez l'option personnalisée parce que vous n'obtenez pas le pool, un menu déroulant apparaît pour vous permettre d'entrer les données complètes que vous pouvez demander au pool pour entrer dans le pool, dans le cas où vous avez besoin de plus de soutien, vous devriez choisir supportXRM pour compléter les informations du portefeuille et le nom du travailleur comme type d'identification.

Par conséquent, vous pouvez effectuer l'option backend pour indiquer la façon dont vous voulez miner, étant Monero dans cette partie vous devez mettre "CPU", puis à la fin vous pouvez avoir la configuration finale qui vous permet d'utiliser le pool sélectionné avec les options définies de sorte que l'argent généré va directement au portefeuille.

- **En cas de mise en place du mineur**

Un moyen facile de configurer XMRig pour un fonctionnement ininterrompu est le fichier config.json qui est conçu à cet effet. Il suffit d'ouvrir le fichier à l'aide d'un éditeur de texte ou du bloc-notes, puis de supprimer le contenu et de copier le contenu fourni par l'assistant XMR.

Une fois ces étapes franchies, il ne vous reste plus qu'à double-cliquer sur l'option exécutable xmrig pour lancer l'exploitation minière sans problème.

6. **Optimise les équipements miniers**

Il s'agit d'une étape que les utilisateurs avancés comprennent mieux, mais vous pouvez vous consacrer à l'apprentissage de l'optimisation de votre CPU car cela vous permet de faire mieux en termes de performances. L'essentiel est que l'application de minage suive des lignes de commande, qui peuvent être modifiées pour suivre certaines commandes qui ne sont pas préconfigurées.

Ce type d'alternative varie fortement en fonction de la puissance de votre ordinateur. Vous commencerez donc à voir les fruits ou les résultats de votre activité de minage dans un court laps de temps, puisque vous augmenterez vos performances.

Pour cette raison, le minage de Monero est présenté comme l'un des plus simples, par rapport à d'autres crypto-monnaies, l'adaptation de l'équipement est une étape minimale, mais vous devez toujours garder à l'esprit que le minage seul n'est pas une alternative rentable, donc faire partie d'un pool est une meilleure réponse.

Le minage du bitcoin est-il difficile ?

Actuellement, il y a une limite finie qui fait partie de Bitcoin, ceux-ci sont créés par les mineurs, soit par des individus ou certaines entreprises qui possèdent du matériel de minage, ainsi les mineurs reçoivent des récompenses pour leur travail à travers la cryptocurrency elle-même.

Mais pour réaliser un quelconque niveau de profit, vous devez mettre en œuvre la puissance, car vous gagnez plus d'argent en exploitant une capacité plus élevée. L'exploitation minière de ce type nécessite des machines spécialisées telles que les ASIC, car ce sont elles qui effectuent les calculs.

La fonction d'extraction de bitcoins suit également un système décentralisé. L'extraction cherche donc à garantir que chaque transaction est vérifiée, afin d'éviter tout type de paiement frauduleux, mais tout cela nécessite de l'énergie pour que l'extraction de bitcoins soit utile et se mesure en hash par seconde ou hashrate.

La complication du minage de Bitcoin est basée sur le fait que plus d'ordinateurs sont intégrés dans le réseau minier et cela augmente la capacité de calcul du réseau, ce type de chemin augmente la concurrence et fait qu'il est difficile de trouver la récompense, la difficulté de faire n'importe quel calcul est que la possibilité d'obtenir des blocs se produit toutes les 10 minutes.

Dans le cas où de nouveaux blocs sont créés en moins de dix minutes, comme c'était le cas en moyenne en 2016, ils sont automatiquement réinitialisés, ce qui augmente la complexité des puzzles, raison pour laquelle le choix d'un autre type de crypto-monnaie peut être une solution à ce problème.

www.ingramcontent.com/pod-product-compliance
Lightning Source LLC
Chambersburg PA
CBHW070426220526
45466CB00004B/1564